JN410211

손톱의 진화

이 도서의 국립중앙도서관 출판예정도서목록(CIP)은 서지정보유통지원시스템 홈페이지(http://seoji.nl.go.kr)와 국가자료종합목록 구축시스템(http://kolis-net.nl.go.kr)에서 이용하실 수 있습니다.
(CIP제어번호 : 2019036984)

형상시인선 25 김건화 시집

손톱의 진화

인쇄| 2019년 9월 25일
발행| 2019년 9월 30일

글쓴이| 김건화
펴낸이| 장호병
펴낸곳| 북랜드
06252 서울 강남구 강남대로 320 황화빌딩 1108호
대표전화 (02) 732-4574 | (053) 252-9114
팩시밀리 (02) 734-4574 | (053) 252-9334

등 록 일| 1999년 11월 11일
등록번호| 제13-615호
홈페이지| www.bookland.co.kr
이-메 일| bookland@hanmail.net

책임편집| 김인옥
교 열| 배성숙 전은경

ISBN 978-89-7787-898-3 03810
ISBN 978-89-7787-899-0 05810 (E-book)

값 10,000원

형상시인선 25

손톱의 진화

김건화 시집

북랜드

시인의 말

어제는 다정과 냉정 사이
고쳐 맨 신발 끈이 풀려
진흙 구덩이에 빠져
얼마나 갈팡질팡했었나

신을 벗어도
못물 건너지 못하는 그녀
소지 닮은 꽃잎에 시를 쓰겠다고
만월에 비춰본다

온몸이 젖는 줄 모르고
물푸레 나뭇가지 꺾어
가랑비를 부른다

– 시 「수요일의 여자」에서

차례

• 시인의 말

1부 구름부족에 들다

천년을 탁본하다 12 | 그녀의 율도국 13 | 구름부족에 들다 14 | 오늘이라는 당신 16 | 수탉처럼 17 | 새의 책상 18 | 유등제 20 | 개심사 왕벚꽃 21 | 모서리 장식론 22 | 파종하다 24 | 옷꽃 25 | 곡진한 불빛 26 | 코르셋 28 | 거꾸로 매달린 남자 30 | 김밥의 양면 32 | 장마 34 | 삼각김밥 36 | 미역국 38

2부 우울한 허밍

나쁜 예감들 40 | 낯선 별에서 41 | 독립선언 42 | 도화를 깨우다 44 | 드라이플라워 46 | 배롱나무 꽃말 48 | 수요일의 여자 49 | 아카시아 50 | 매복의 기술 51 | 접안 52 | 우울한 허밍 53 | 분수 54 | 어설픈 관계 55 | 애도의 방식 56 | 롤리팝 58 | 자작나무 단잠 59 | 라면 먹고 싶은 날 60 | 물들다 62

3부 전망 좋은 방

호랑거미 시인 64 | 울음꽃 터지다 66 | 물혹 다스리기 67 | 단절과 간절 사이 68 | 아지랑이 연분 69 | 썩음과 놀다 70 | 부정교합 71 | 구름 속 댓글 72 | 가시의 내력 74 | 다리가 있는 풍경 75 | 막다른 골목 76 | 물안개 77 | 흔들의자 78 | 눈춤 79 | 간극 80 | 전망 좋은 방 82 | 단추의 배후 83 | 널배를 밀다 84

4부 등을 품다

무쇠나비경첩 88 | 이팝에 들다 90 | 나란한 무덤 92 | 어느 날 홀연히 94 | 건포도를 읽다 95 | 등을 품다 96 | 소파 97 | 월하정인 98 | 백일기도 99 | 드라이기 100 | 손톱의 진화 101 | 오래된 술래 102 | 식탁 혹은 신탁 103 | 발의 비망록 104 | 방심과 방관 사이 106 | 그 여자가 사는 法 108

해설 | 이태수
꿈꾸기, 그 번짐과 스밈 110

1부

구름부족에 들다

천년을 탁본하다

마른 처마 아래 연꽃 핀다

잠시 비를 피해 들어선 절집
연향인 그대 손길은
먼 기억 속으로 번진다

손꼽아 기다리다
원앙금침 아래 누울 초야
베개 마구리에 새기던 무늬가
먹빛 침묵으로 하늘을 본다

먹먹함에 결 고운 한지 얹고
당신 무심의 심장을 향해
탕탕! 솜방망이로 두드리면
빙그레 웃는 수막새를 만날 수 있을까

천 년 전 모래바람 속
서역 길 떠날 때
절반을 나누어 가졌던
서늘한 기억

손바닥 깊숙이
버들문양도 새긴다

그녀의 율도국

젖을수록 질긴 무명 같은 그녀
마음 둘 곳 없이 뒤숭숭한 날엔
밀린 빨래를 한다

뒤집힌 양말 같은 남편
끈 풀린 운동화처럼 느슨해진 아이들
모두 한통속인 것 같을 때
드럼세탁기 통의 아가리 속으로
꾸역꾸역 빨래를 밀어 넣는다

탐내고 성낸 어리석음의 얼룩들
한데 섞여 빙글빙글 돌아가고
그래도 녹지 않는 이념의 얼룩이 있다면
더 깊이 밀어 넣는 열탕

콧날 찡해지는 삶은 빨래
탈탈 털어, 율도국의 햇살 아래 널 때
그녀의 나라 백색 깃발은
환한 눈빛 기도로 맑아진다

구름부족에 들다

허공의 지문을 새의 눈으로 읽는다

한때 비바람과의 공모로
목까지 채운 내 탐욕의 단추
여여한 구름 앞에서
눈이 먼 채 비겁해졌다

고도 높은 하늘에 자작나무를 세워
무지개를 걸어볼까

당신이 보낸 전령, 안개의 눈에
비문으로 새겨 넣을 구름부족의 가계도는
두드린다고 다 열리는 문이 아니다

누군가 호명해주어야 열리는 등용문

은유의 레일 위에서
화려한 수사의 질척거림으로
그대 영혼 훔치겠다고 밀고 당기는 일은
이쯤에서 그만두기로 한다

파란 많은 몽상가의 생에 끼어들어
위태로운 풍문으로 흩어질 수 없어
오리무중 구름의 배후에
나, 이제 양 떼를 풀어 놓아야겠다

새도 우울의 습기로 번져서
생각이 날아다니는 섬
안개도 덩달아
구름부족의 일가가 된다

오늘이라는 당신

구불구불 돌아다닌 에움길이
주렴 속으로 걸어 들어와
야금야금 발끝이 갉아 먹은 자리에
통증의 꽃 구절초가 피었어요

앞만 보고 내달리던
스프링복의 질주본능이
낭떠러지를 만났어요

곡선이 아치로 내려앉은 언덕
당신 납작한 신발 뒷굽에
구름스프링을 달아야겠어요

아무도 대신할 수 없던
직립의 무게에 눌리고 눌린 탓에
주춧돌처럼 아픈 발의 비망록

이불 밖으로 삐져나온
한 번도 씻겨 주지 못한 당신 발에
슬며시 내 발을 포개보아요

수탉처럼

정신의 볏을 세우고
목울대 가둔 설움의 언어
연금술로 풀어내는 그대

마음에 담아둔 이름들
동틀 무렵에 맞춰 호명할 때
손을 흔드는 먼 강가의 물푸레나무

새의 귓속말쯤은 너끈히 받아 적는
그댄 영민한 시인이여

맨드라미 꽃대처럼
위풍당당 볏을 세우고
그대 여명 속에서 홰치는 날

깨어난 만물은
해 뜨는 바다로 나아가리라

새의 책상

골동품 경매장에서 앉은뱅이책상을 샀다

꿈꾸던 새의 결의가
온몸에 새겨져 있는 책상

모감주나무의 심장은 죽어서도 두근거렸다

새의 발자국 선명한 모서리
늙은 서생이 시간의 옷을 덧입고
골동품이란 명패를 달았다

까까머리 소년은 빗발치던
총알 속으로 뛰어나가고
덩그러니 남겨져 있던 책상은
시공을 뛰어넘어 우연히 내게로 왔다

급제하지 못해 초야에서 읽던 글
학도병이란 이름으로 꿈의 어디쯤
날개 꺾인 새를 위하여

>
백석을 읽고 고금소총도 읽어준다

허공 절뚝거릴 새의 울음을
총총히 받아 적느라
새벽, 꽃피운 모감주나무가 하얗다

유등제祭

남강 물결에 켠 등이
어깨도 부딪치는 유등일 때
충절의 논개도 출렁
달빛 아래 강낭콩 줄기
아직 꼬투리 여물지 않았기에
튀어 나가고 싶은 내 시는
벅찬 앞가슴 단추를 들썩인다
머지않아 움틀 씨앗은
하나의 꽃으로부터 왔으니
유유한 남강에 띄운 배들은
다투지 않는다

개심사 왕벚꽃

멀찍이서 바라만 보던 나를
개심사로 불러들인 그대

쇠북에 등지느러미 꿰인 물고기
단청 속에 숨겨 놓고
주위의 벌들까지 들뜨게 한다

겹겹의 오색으로 내다 건 꽃등
몸짓으로 다 말할 수 없는 설법은
비틀거리는 바람의 소맷부리
온몸으로 부여잡는다

그대에게 가는 길은 멀고
이대로 꽃잎 다 진다 해도
영영 모르고 살아도 좋을 봄날

꽃잎마다 봄을 앓는 열병
갈피갈피 접어놓은 그대 향한 길
참으로 멀기도 하여라

모서리 장식론

낯에 잘려 가을 건너온 망개나무
눈 내리는 창밖 응시하다,
눈시울 붉어졌다

수레바퀴 세워진 전원풍 찻집
회칠한 차가운 벽에 기대어
홍조 띤 두 볼 감싸줄 눈발을 기다린다

햇살 속에 먼지들이 부스스 일어설 때
쏟아내는 남의 말로 먹먹한 두 귀
더는 참을 수 없다는 듯
불끈 벌서듯 두 팔을 들어 올린다

기다란 목, 눈동자 없는 초상화
모딜리아니 그림 속 여자처럼
손님 뜸한 찻집 구석자리 망개나무는
서늘한 그늘을 가졌다

턴테이블 위, LP 음반 무심을 건드린
목젖 떨리는 가수의 노래가 닿자

낡은 스피커 심장은 두근두근

변두리 찻집 우울의 모서리를 밝히는
뿌리를 버리고도 살아있는
환한 꽃등이다

파종하다

뒤척이던 불면의 여파가

눈꺼풀에서 발끝까지 번진다

골짜기에 있던 간지럼

복사뼈에서 정강이로 타고 오른다

주름진 이랑을 골라

봄의 문장에 씨앗 뿌릴 그대는

한 손에는 모종삽을 들었다

어둠 속 오래 걸어온 발이

발아하고 싶어 간지러운

푸른 봄밤이다

옷꽃

옷장에 묵은 옷들 눕혀두고
새봄엔 또 입을 옷이 없어요

속내 알 수 없는 당신이 내 취향이 아니듯
망자를 배웅하는 흰 꽃은
체념하지 않으려 해도 빨리 시들어요

거울 앞에서 한 바퀴 도는 내게
미소를 보내오는 어제의 옷들
꽃 같은 기억이 없었다면
이 봄의 멀미를 어떻게 견딜까요

내가 갈망하는 낯선 꽃이란
어떤 천에도 아직 찍혀지지 않아
꽃핀 세상으로 걸어 들 무채색 옷

계절마다 다투어 피는 꽃 중
나의 배경이 될 꽃들만
옷의 몸속에 새겨 넣고 싶어요

곡진한 불빛

하루의 각질로 푸석이는 저녁
불빛 경계에 쓴 자서전은
저마다 어둠의 육필이다

들숨과 날숨을 가진 불빛은
서로 다른 시간 속으로 스며든다

짝을 찾지 못한 풀벌레 울음소리
저녁 이슬이 적시는 노숙인 얼굴에
어룽지는 어둠이 애잔하다

둥지로 돌아가던 새들은
노을 불빛 찾아 떠도는 내게
이제 그만 집으로 돌아가고 싶다는
생각의 등을 꽁지로 떠민다

십 리 밖까지 두 귀를 열어둔
야생의 눈빛만 살아있는 달
빛과 어둠의 경계에 서면
컹컹 응답을 보내온다

>

글썽이는 뭇별의 결의가 이토록 곡진한 것은
사무치는 사람 냄새 때문이다

코르셋

펄 속 입을 꽉 다문 꼬막
수초 뿌리에 몸이 간질거려도 꿈쩍 않을
정조대가 필요하죠

철심 박힌 갑옷을 벗어던진 그녀
가끔 일탈을 꿈꿀지도 모르죠

중력의 사과를 위하여
형상기억 메모리와이어가 필요하죠

언제부턴가 보정속옷에 의지한다면
동굴 벽화 속 두리뭉실한 여체
다산을 상징하는 몸이 되었다는 증거죠

야한 속옷을 입은 날은
나른한 고양이 걸음으로 걷고 싶어지죠
코르셋은 관능을 부르기도 하죠

대학에 들어가면 속옷부터 바꾸는 딸들
지극히 본능에 충실한 몸은

호시탐탐 자두를 넘보는 거죠

허위의 옷, 코르셋을 벗고서야
살구의 자연으로 돌아가죠

거꾸로 매달린 남자

타로카드 애정 운세에
거꾸로 매달린 남자 카드가 나왔다

십자가가 아닌 살아있는 나무에 매달린 남자

목이 아니라 발목이 묶였다
거꾸로 세상을 보는 의기양양한 남자는
붉은 타이즈로 살았던 시간을 묶고
푸른 상의로 갈아입었다

거꾸로 매달려 흔들리는 남자

흔들림으로부터 얻은 자유란
고요를 몸 안에 가두는 일
그는 왜 매달리게 되었을까?

얼마든지 스스로 묶인 끈을 풀고
내려올 수 있다는 자신감에 차 있지만
인내는 기다림의 끝에 찾아야 할 동반자

>
현재 심한 갈등을 겪고 있더라도
쉽게 끝내기 어려운 관계라고
카드는 신중히 말해준다

김밥의 양면

허겁지겁 들어선 24시김밥사랑엔
중국산 김치와 염치없는 국물이 있지

시금치 당근 우엉 단무지 게맛살 얹어
꾹꾹 눌러 둘둘 말아줄래

김에 밥이 붙었을까
밥에 김이 붙었을까

양다리 걸친 남자를 꼭꼭 씹으며
마음에 없는 사람과 다정을 연기해볼까

이불 밖으로 삐죽 나온 발처럼
김밥 꽁다리는 내 몫인 양
몸통만 고집하는 기차에서 내렸지

빠져나갈 터널은 멀어도
목젖 누르던 단무지는 뜨는 하현달
견딘 침묵만큼 터진 옆구리가 시리지

>

검은 외투를 걸친 고양이
막다른 골목을 빠져나갈 때까지
모래주머니를 차고 달려야지

장마

검은 손바닥 구름들 음모가 수상하다

적막을 깨뜨리는 야생의 말발굽 소리
투구로 무장한 적들이 몰려온다

두려움에 몸을 움츠렸던
유순한 한 남자가 들어 올린 도끼날이
허공에서 번쩍이며 내려온다

발목을 덮는 흙탕물은
뿌리째 뽑힌 비탈의 나무를 데리고
불온의 하수구로 흘러든다

비의 말씀은 길게 늘어져
당분간 끝나지 않을 것 같은 기세
이런 때는 엎드려 숨을 골라야 한다

소란도 잠시, 장마는 언제 그랬냐는 듯
부서진 우산살만 남기고
담장 위로 올라가 능소화 피웠다

>

손바닥 구름 쓸어낸
짙푸른 나무의 몸통에서 매미 울음은
더 요란해졌다

삼각김밥

둘둘 말아 싸던 김밥 뾰족한 산으로 세워볼까

들끓던 내 안의 잡동사니 감정들
꾹꾹 눌러 두었던 욕망들도
산봉우리 위 구름으로 날려볼까

김밥은 둥글어야 한다는 생각을
여지없이 무너뜨린 삼각김밥
오늘은 내 뾰족한 마음의 각을 덥석 물
삼각김밥이 먹고 싶다

삼각 틀에 눌린 차가운 밥이
김과 비닐을 사이에 둔 불편한 삼각관계
비닐 벗겨내자 불쑥 들이미는 모래의 산
모래의 웅성거림이 차곡차곡 쌓여
피라미드 같다고 해야 할까

먹어도 배부르지 않을
세 개의 삼각주를 가진 당신은
나를 덥석 물고도

백사장 한 귀퉁이를 먹었다 하겠지

겉돌던 모래 알갱이 앉혀둔 강물
고라니 한 마리
새벽에 나와 목을 축이듯

미역국

목젖 너머 깊은 통점을 건드린
첫딸을 인큐베이터에 두고
뜨거워 삼킬 수 없던 미역국

조막만 한 몸에 주삿바늘 꽂고
생명의 끈 꼭 쥔 어린 딸 지켜보던
움찔 놀란 허한 자궁은
울음주머니가 되어 울먹거렸다

찌르르 젖이 돌듯 미역국이 끓어
솥뚜껑이 들썩일 때
꾸역꾸역 차오르던 설움

초유 같은 미역국에 눈물 말아 먹고
엄마가 되어서야 엄마를 알았다

나를 낳은 엄마 몫까지 밥을 말아
열 달 품었던 생명 비워낸
허한 뱃속을 뜨끈하게 달랜다

2부

우울한 허밍

나쁜 예감들

누가 내 말을 하고 있나 봐
가려운 귀가 선잠을 깨운다

같은 시간 다른 공간에서
불안한 예감으로 늘 어긋나는 착지

웅크린 침대 난간
까면 깔수록 하얀 머릿속
그물로 짜여지는 망상

꿈속 가족들은 앞다투어
빨지 않아도 될 옷들까지
벗어던지는 폭거

자음 모음으로 얽힌 빨래가
욕망에 찌든 세상을
빙글빙글 돌린다

낯선 별에서

신분증 속 낯선 얼굴
짧은 커트 머리 홀쭉한 볼살
여자는 지금보다 더
나이 들어보인다

집으로 들어서는 낯선 남자가
식탁에서 밥을 먹더니
익숙하게 침대에 누워 코를 곤다

여전히 여자는 달의 뒷면
다른 별에서 온 남자와 여자는
동문서답의 기찻길을 간다

남자는 여행 가방을 싸고
달팽이집 떠나지 못하는 여자는
움츠린 어깨를
더 깊어진 거울 속으로
밀어 넣는다

독립선언

작은딸은 햄버거 패티
후줄근한 양상추 이불 덮고
물기 빠진 토마토 요 위에 누워
제 몫 다하는 그런 패티

바쁜 세상 햄버거 하나면
지친 허기 간단히 해결되는데
떡메로 친 인절미 고집하는 입맛엔
햄버거는 형편없는 불량음식이지

아버지와 딸
팽팽히 맞서는 황소고집
집안은 온통 살얼음판이지

한 번뿐인 내 인생
나를 위해 살겠다고 울부짖는 딸
어느새 훌쩍 자라서
둥지 떠날 파랑새가 되었지

정체성 잃은 내 삶에 끼얹는

찬물 한 바가지,

독립선언

도화를 깨우다

봄날 여느 나무
환하게 지는 꽃잎에
열매 맺지 못하는 복숭아나무
엄지발톱만 부풀어 올랐다

겹겹 동여맨 꽃잎 열어 만개할
화산 같은 내 안의 도화는
어찌 깨울까

호랑나비는 꽃감옥에 들어
소식 감감하고
시름시름 앓고 있는 꽃몸살을 어쩌랴

기다림에 아려오는 명치끝
꿀샘 탐하는 벌새
수시로 날아들어도
허울만 복숭아나무일 뿐

몸속 도화는 물컹물컹 짓무른다
불어온 실바람에 복사뼈 자리

>
진물은 찔끔찔끔
지나가는 개미를 가둘 뿐
내 안의 도화는 잠들지 않는다

그대여 더는 꽃망울 움츠리지 않게
달그림자로 숨어들어
꽃망울 활짝 터트려주오

드라이플라워

추종자들 추파를 물구나무 세운다

물기 비워내고 색도 지우려
뒤집힌 치맛자락 우산처럼 접는다

향기의 비문이 다 비워지기까지
거꾸로 가는 시간 여행

쉰 송이 생일 장미를 말리는 동안
드라마 속 신사임당은
현모양처가 아니라는 구구한 억측이 난무했다

중심 잘린 꽃이 색을 잃는다는 건
어쩌면 당연한 일 아닐까

말라가는 꽃의 중심에서
잔향의 내력까지 들추지 말라는
잠시 화색이 돈 꽃의 변명을 듣는다

거꾸로가 바로임을 일깨우고 싶어

절절했던 꽃들의 시차는
잃어버린 내 바코드 심장을
불빛으로 훑는다

배롱나무 꽃말

홍자색 한지 구겨
별꽃화관 쓴 자미나무
달빛 아래 처연하다

갈피갈피 접어놓은 연서
가지마다 매달고
그대 창가 기웃대는 하현달

흔들리는 촛불인 양
지나가는 바람이 살짝만 건드려도
붉은 눈물꽃 하르르 떨어지는
자미나무

백 일 동안 피고 져도
못다 한 사랑
오늘은 새끼손가락까지
붉게 물들인다

수요일의 여자

장미가시를 건너 밟던 여자
마른 못 둘레를 서성인다

어제는 다정과 냉정 사이
고쳐 맨 신발 끈이 풀려
진흙 구덩이에 빠져
얼마나 갈팡질팡했었나

신을 벗어도
못물 건너지 못하는 그녀
소지 닮은 꽃잎에 시를 쓰겠다고
만월에 비춰본다

온몸이 젖는 줄 모르고
물푸레 나뭇가지 꺾어
가랑비를 부른다

시름시름 목이 마른 뒤에야
하늘 문을 여는 빗장
잎 돋는 목요일로 건너간다

아카시아

가시로 무장한 그녀
말의 향기로 나비를 부른다
범접할 수 없는 꽃타래 살결
생각 없는 희롱의 상처마다
뾰족하게 솟아나는 가시
어느 날부터 가시를 감춘 그녀
꿀이 흐르는 꽃송이 입에 물자
막 잠에서 깨어난 뱀 한 마리
굶주린 혀를 날름거리며
비탈을 오른다

매복의 기술

훌쩍 뛰어오른 지붕에서
초승달로 걸린 고양이 눈은
어둠 속 푸른 불꽃을 감지한다

겨냥한 안테나 세운 촉수
한껏 휘어지는 팽팽한 활의 등뼈
목덜미에 소름이 돋는다

빛의 속도로 냄새를 쫓다가
비린 냄새에 털을 세운다

소름 돋는 겨울밤
싸한 공기를 통째로 움켜잡고
가장 낮은 자세로 포복한다

혼미한 정신으론 바람길 읽을 수 없어
들숨 날숨 심호흡을 가다듬고
허공의 적막까지 낚아챈 고양이

한순간에 적의 숨통을 끊는다

접안接岸

일렁이는 물살에 몸을 맡겨봐
주춤거리지 말고 다가와
물속 암호를 내게만 알려줘
해안선 아무리 더듬어도 오독되는 당신
가시 많은 생선 잔뼈 골라내듯
까치발로 조심조심 부두에 닿아줘
모서리가 닳도록 출렁거렸으니
뒤돌아보는 일은 이제 그만
수평선이 지평선과 만나는 수평의 방식
표정을 삼키고 당신을 만나기까지
아슬아슬 감도는 긴장의 나날들
머무는 것이 부질없다고 생각할 때마다
마음의 귀도 미역귀처럼 열어줘

우울한 허밍

계절성 독감 파파라치는
물비린내 풍기는 은밀한 달빛

붐비는 동성로 걸어 보아도
저문 신천 강물 옆구리 끼고 달려도
나를 유배시키는 섬

몸 안 깊숙한 곳에 숨어 있다가
비 오는 골목길 돌아설 때
혼자 밥을 먹을 때
꾸역꾸역 목젖을 누르지

내 손이 닿지 않는 후미진 골짜기
오직 그대만이 달래줄 수 있는
칭얼대는 울적한 어른아이

가끔 출구를 찾지 못한 새인 양
유리창에 이마를 부딪는다

분수噴水

갈라 터진 버즘나무 속에는 늪 속에 갇혀본 적 없는 뱀장어가 산다. 가문 봄날 물의 심장 소리에 놀라 온몸 꿈틀거리며 하늘로 솟구치는 저 비늘 없는 용

불온한 물의 족속들은 금지된 물의 한계를 뛰어넘었다. 한꺼번에 터진 물의 봉기는 허공을 향한 비상과 추락의 무한반복

하늘 심장을 향한 물의 반란이다. 아래로만 흘러야 한다는 물의 말씀도 아랑곳없이 솟구쳐야 절정이 온다면 물의 우듬지를 향해 물꽃이나 피워볼걸

어설픈 관계

매번 놓치는 반곡지 복사꽃
작년에는 너무 일찍 가서 못 보고
올해는 며칠 늦어 놓쳤다

아득한 도화를 못 보고
낙화의 흔적만 더듬다가
꽃 진 가지만 어루만져 본다

아쉬운 마음 가눌 수 없어
왕버들은 산발한 머리를 풀어헤쳐
못물에 담그고 무얼 하는가

늘 조금 이르거나 늦어서
절정을 놓치고 말 아둔함으로
못물 같은 가슴을 꽝꽝 친다

내일은 또 내일을 만들어
기다림이란 낯선 역에서
하염없이 긴 목을 늘인다

애도의 방식

상가喪家 식탁에 놓인 국밥
끓던 심장 식어가는 소리가
혀끝을 건너온다

뼈에 들러붙어 있던 살점
오래 삶아 허물어지듯
비애 섞인 곡소리
체념에 닿는다

한 숟가락 뜨거운 국밥을
목젖 누르듯 퍼 넣을 때
산 사람은 그래도 먹어야 한다고
시린 무릎은 뜨끈해진다

뭉클뭉클 이팝꽃 문상객들
제 신발 찾아 신고 돌아가는 이들에게
조심조심 살펴 가시라고
문턱 높이를 알려준다

깊은 목구멍 너머

슬픔과 함께 밀어 넣은 흰 별이
슬금슬금 뒤를 따른다

롤리팝*

빨강
파랑
노랑의 회오리바람이
배배 꼬였다

웃는 듯
우는 듯
팬지꽃은 술렁거리고

막대사탕을 잘 먹는 방법은
천천히 핥아먹는 것

달콤한 절정은 너무 빨리 끝나고

빨강
파랑이
흘러내리는 동안
노랗게 시드는 꽃

어금니가 썩는 줄 모르고
바람은 풍차를 돌린다

* 막대에 사탕이 달린 형태의 사탕

자작나무 단잠

끝이 무디어진 고드름, 처마를 잡고 놓아주지 않는다

반쯤 타들어 간 양초, 불의 심지가 가늘게 떨고 있다

바람 소리에 부푼 배흘림기둥의 밤

딱따구리는 자작나무 옹이를 쪼아댄다

서서 자는 나무 속 명주실로 자신을 옭아맨 누에
동면에 들어 몇 번이나 몸을 뒤척일까?
저 누에는 충만한 사랑 끝에 단잠에 빠진 것일까

불면에 뒤척이는 달아오른 등줄기
모로 누워 뒤척이다 눈 밑 그늘만 키운다

자작자작 불붙지 못한 불의 심지에서
밤새 물기 비워내던 처마의 고드름 슬그머니
단잠을 빠져나간다

라면 먹고 싶은 날

양은 냄비에 부르르 끓인 분식집 라면이 먹고 싶은 나와
인생의 매운맛 알기 위해서 청양고추 듬뿍 썰어 넣는 당신

서로 주의와 주장은 달라도 우린 라면을 좋아하지
연일 계속되던 열대야가 수그러진 첫날이거나
마른장마가 국지성 폭우를 동반한 날이면 좋다

꼬불거리는 라면이 허기진 마음과 습기를 만났으니
목저로 건져 올리는 면발은 미끄러짐 없이 입안에 쏙 드는 거지
퍼지기 전에 눈물 콧물 쏙 빠지는 둥근 보름달 하나 띄워
뿌옇게 김이 서린 안경 너머 서로를 바라보지

쫄깃한 면발이 넘어간 목구멍은 후루룩 국물로 달래는 거야
설익은 대파의 미끈거리는 비릿한 욕망을 피할 수 없다면
한 몸이 되고 싶어 뚜껑을 열었다 닫았다 성질 급해도 좋아

>

서로의 혀에 혀가 데어도 달랠 줄 몰랐던 아린 속
한 그릇 라면이 공복 그 불안을 채워주었기에
아닌 줄 알면서도 해로운 줄 알면서도
정신의 허기까지 포만해지는 나의 애인 라면씨!

물들다

시집 갈피에 끼워진 은행잎 바스러지기 직전이다

초록이 금빛으로 바뀌는 동안
다정과 냉정 사이 오가던 은유가 부챗살로 번진다

찬 서리에 국화도 질 무렵
창호지에 겹쳐 발라두었다면
바람의 손길이 어루만져주었을 텐데

너에게로 번지려면 서로의 경계를 지워야 하지

물이 든다는 것은 서로에게 스미는 것

사유의 안과 밖을
천천히 물들이는 어스름
하늘과 땅 사이가 까마득히 멀다

3부

전망 좋은 방

호랑거미 시인

허공에 집을 짓는 호랑거미
거미줄을 쏘아 펄럭이는 우산살 집을 짓는다

공중그네 타고 구석진 모퉁이에 숨어 고르는 숨
먹잇감이 걸려들길 기다린다

언제부턴가 자신이 쳐놓은 거미줄에 묶여
집이 감옥이 되었다
홀몸으로 빈집을 지키는 호랑거미

녹슨 철대문 안 잡초 무성한 집엔
온통 거미줄투성이
산 입에 거미줄 칠 수 없다고
밤낮으로 씨줄 날줄 언어의 집을 짓는다

거미줄에 걸린 아침이슬 바라보며
사리 같은 시詩 몇 알만 남길 수 있다면
더는 바랄 게 없다고 너털웃음 짓는다

유목의 영혼을 가진 호랑거미 시인

몸통을 말고 든 동면은, 터질 분꽃
기다림의 씨앗이다

울음꽃 터지다

꽃 없는 나무 몸통에 붙어
요란하게 터지는 꽃

나무 속내를 대변하듯
배롱나무 하품을 잘게 부수는
한꺼번에 터진 대성통곡

한 계절을 떠메고 갈 기세다

귓속까지 따가운 향기
이글거리는 태양마저 진저리치듯
구름 그늘로 숨어 버린다

끓어오르는 화산처럼
오장육부를 남김없이 뱉어내려
밤낮없이 울부짖는 꽃

막무가내로 쓰는 생떼
대개의 생은 저렇듯 처절하다

물혹 다스리기

사막의 배인 낙타가 먼 항해를 떠날 때
물주머니에 물을 가득 채우듯
내 몸에도 물을 가두어 두어요

건널 수 없는 물길 사이에 두고
뜬눈으로 지새운 오작교 난간
물푸레나무와 오리나무로 선 우린
서로의 그림자만 비추어 보아요

하늘 심장으로 뻗어 나간 실핏줄
허공에 우듬지를 들어 올려
구름꽃으로 터진 적 몇 날 있었나요

심장 과녁을 향해 날린 불의 화살은
허공에서 얼마나 자유로웠나요
지킬 수 없는 허망한 약속들로
꽈리처럼 부푼 몸속 알뿌리

오래 가둔 물길은 불안으로 치달아
부풀어 오른 물혹 주머니
금시라도 터질 것 같아요

단절과 간절 사이

출구를 찾지 못한 물은
내 안의 살아있음의 증거들

귀를 잠그고 눈 닫아도
꼬리에 꼬리를 무는
물방울의 집합체

부서지는 물의 정령에 놀라
절수 밸브에 발을 올리면
어느 강의 중심에서
흘러와 수평을 조율하는
물의 숨결

나를 떠나
어디론가 달려가는 물
흐름을 찾아가는 물길이
아슬아슬 수위를 높인다 해도
함부로는
범람하지 않기를

아지랑이 연분

벼락 맞은 호랑버드나무

밑동이 잘려 나갔다

파킨슨병 앓던 그녀에게

사랑이 찾아올 줄 아무도 몰랐는데

가누지 못하는 꽃의 중심에

허리 잘룩한 나나니벌이 날아들자

온몸은 뜨거워졌다

멀리서 지켜보던 호랑버드나무

덩달아 털갈이한 짐승의 살갗처럼

몸통은 초록 풍선처럼

부풀어 오르고

썩음과 놀다

냉장고에 넣어둔 보름 넘은 양파
아마포를 두르고 관 속에 누워
매운 시간을 버티고 있다

잠들지 못하는 파라오처럼
썩지 않으면 안식에 들 수 없어
슬픔마저도 흔적 없이 썩혀
흙으로 돌아가야 한다

별빛과 흙가루로 나를 빚은 이는 누구일까

나 그에게 다시 돌아갈 때
별빛은 하늘로 돌아가고
몸속 더운 기운은 불이 된다

썩음은 생명의 본능에서 풀려나는 것

수없이 방부제를 삼킨 내 몸은
냉장고 같아서 언젠가 썩을 날을
얼마간 더 유보할 뿐이지

부정교합*

입술 간의 교분이 벌어졌다
돌출된 앞니 때문에
열린 대문으로 슬그머니 들어온 토끼
달의 분화구에서 방아 찧듯
맞물리지 않는 앞니를 딱딱 마주친다
절정을 되새김질하듯
오물오물 건초를 씹어 보지만
아귀 맞지 않아 삐걱거리는 문이 그렇듯
짝이 맞지 않는 볼트와 너트,
헐거워진 단추처럼 긴장이 풀리고 보니
어느새 빠져버린 권태기
관계라는 어금니를 뽑으려다
비스듬히 누운 사랑니를 뽑고
쇠 비린내 풍기는 보철장치를 붙인들
이미 엇나간 뼈들의 서열을 어쩌랴
원래 자리로 돌아가려는 성질에
통증은 점점 깊어지고
뾰족한 불면의 각을 문지르느라
맞닿지 못하는 눈썹에서
밤은 길어지고

*부정교합 : 아래와 위턱의 치아가 정상적으로 맞물리지 않는 상태

구름 속 댓글

무심히 보낸 문자에
걸어보는 허망한 기대

그대는 짐작이나 할까?

돌아오지 않는 메아리 앞에서
징검돌 하나 놓고 기다리는
나는 소심한 고양이

멀어진 뒷모습을 지켜보며
빈집에 등불 하나 켜두고
빗장을 슬쩍 열어둔다

댓글은 포커페이스

먼 후일 누가 보관함을 열어볼까

허공에 구름 흘러들 문 하나 낼 수 있다면
구름의 배경으로 살아도,
열쇠는 잊어도 좋았다

>

열린 창으로 건네는 댓글은
햇빛 쪽으로 기우는 식물처럼
불통이 남긴 어제의 상처를
어루만져준다

가시의 내력

가시 품은 겨울 탱자나무
몸피 줄인 잎맥은 생장점을 잘라냈다

젖배 곯고 일찍 철든 계집아이는
시고 떫은 탱자를 닮아갔다

변방으로 떠돌던 당신을 기다리며
어머니 갯벌엔 살얼음 얼고
내 몸에도 남아 있는 쐐기풀 흔적

상처로 키운 가시가 손톱 밑을 파고들어
채워지지 않던 내 안의 궁기
먹빛으로 혹한을 견뎌야 했다

가시나무 울타리를 세운 은둔자의 집엔
껍질 속에 말랑한 속살을 숨긴 몽상가들이
모성의 별자리에 덧칠을 한다

어루만져주어야 할 속울음
가시의 몸 밖으로 가시를 밀어내며
탱자나무는 달을 품는다

다리가 있는 풍경

깊고 푸른 루체른 호수
흔들리는 나무다리 카펠교에 서면
나는 누군가의 풍경이 되지

깊이를 알 수 없는 수면을 두고
우리는 약속을 하고
햇빛 지느러미 흔들며 미래를 꿈꾸지

다리 위 그대와 나는
단테가 베아트리체를 만났던
운명의 가교는 아닐지라도

난간의 꽃잎 강물에 떨어져
그림자를 파문으로 문지르는 동안
망설임 없이
레테의 강을 건너야 하지

그 강물에도 다리가 있다면
뒤돌아보지 않고
그대에게 가리

막다른 골목

어둠이 슬어놓은 남루한 알
부화를 기다리며 골목 서성거려도
출구를 찾지 못한다

허공이 허공을 딛고 서 있는
수렁에 무릎까지 빠져들고 보니
달콤한 진액인 듯
담벼락엔 넝쿨장미 흐드러진다

그로테스크하게 일그러진 얼굴이
담장을 핥는다, 자욱한 물안개로 떠도는
너의 목덜미를 어루만진다

졸고 있는 희미한 가로등
긴 그림자를 밟고
고양이는 지붕 위로 올라간다

출구를 찾아 어슬렁거리는
가시 밧줄로 낮게 기어온 골목이
내 몸을 관통한다

물안개

물푸레나무 같은 그녀
오줌 누는 소리가
봄날 양철지붕 타고 내려와
물안개로 핀다

화무십일홍 떨어진 꽃
너무 빨리 끝난 절정에
산 그림자 대들보가 휘청

데려갈 꽃가마 초록 어깨에
서녘 가마꾼 앞산은
뗏목을 밀고 가지만
어질어질 허리가 지워진다

물안개 때문에
다시 한번 다시 한번 더
속마음 던져보지만

짝 잃은 소쩍새만
녹슨 양철지붕을
쉽게 친다

흔들의자

넘어지지 않을 기울기가
흔들리는 당신에게 필요했던 거죠

잠시 머물 권태의 등이기에
엉덩이를 붙잡는 엉거주춤한 오늘
말없이 뒤에서 안는 당신은
늘 떠나고 싶은 방랑자죠

흔들리고 싶어 누군가 만든 의자
달마중 가는 시소라고 유혹해놓고
오후의 풋잠 속으로 빠져들죠

뜨개질하던 발코니 햇살도
눈꺼풀이 무거워진 몽상과 잠 사이
읽던 책의 귀를 접곤 하죠

언제고 떠날 무거운 발에 구름 덧신을 신겨주죠

흔들릴 만큼 흔들리다
스스로 멈출 줄도 아는 당신은
갈대의 영혼을 닮았죠

눈춤

살갗 튼 매화나무
폭설에 갇혀
피운 꽃 설중매

소리소문 없이 만난 눈과 비
기침 같은 사랑으로
질척거리는 진눈깨비

고깔모자 깊숙이 내려쓴
나비는 매화나무 위에서
젖은 발을 말린다

너울거리는 한산모시 소맷자락
눈발로 펼치는 춤사위는
버선발로 내딛는 절대고독

정염의 날개
허공 비껴 날아도
하염없는 3월의 눈춤

간극間隙

뜬눈으로 밤을 새웠다

외딴 섬으로 떠도는
너와의 거리를 좁혀 볼 궁리로
섬인 내가 섬을
하염없이 바라보다가
서로의 거리 여울진 물결로
가득 채웠다

거친 파도 헤치고
너의 섬에 들면
하나의 섬이 될 수 있을까

오래전부터 그 섬에 살던 새들의
불안한 이주가 시작되었다

섬은 섬에서 볼 때 아름다웠기에
머문 자리 파도로 쓸어내고
오른 섬에 딛는
첫발은 뭉클했다

>
기다리는 일은 이제 그만

더는 쓸쓸하지 않은
내통을 위해
깜박깜박 등대 하나
세워둔다

전망 좋은 방

고층 아파트 꼭지층은
두둥실 구름의 방이죠

운조루에 오른 듯 만대루에 오른 듯
아녀자의 다락방을 갖게 되었죠

널뛰기하지 않아도
그네에 오르지 않아도
확 트인 풍경을 갖게 되었죠

내게 유전되는 유목이 아닌
안채의 습성을 버릴 때가 되었죠

집이라는 자궁에서 맘껏 충전되었으니
씨실과 날실의 거미줄로 뽑은
반짝이는 언어의 퍼즐 조각을
굴러갈 세상의 바퀴에 끼워 맞추죠

구름의 방에 들어요
은둔자의 섬에서 빠져나와
커튼 없어 좋은 방

단추의 배후

여분의 단추를 더듬어 본다
누구의 도움 없인 다 채울 수 없는
원피스 뒷단추는 여자의 넝쿨 심리다
얌전하게 채워진 단추 간격 사이로
들뜨는 가슴은 꼭 눌러 두어야 할 관능
참을성이 부족한 사람들은
고속 질주하는 지퍼를 좋아하지
한 번도 폭주를 꿈꾸지 못한 내게
목 위까지 꼭꼭 채운 단추
슬그머니 풀어주는 사람이 오기까지
얼마나 오래 단추를 여미는 데 급급했던가
처음부터 잘못 채워진 단추는
어디서부터 바로 잡아야 할지 몰라서
헐거워진 단추 구멍만 더듬어 본다
저 겨울 하늘에 떠도는 별들도
우리에게서 떨어져 나간
우주를 배회하는 단추들이지
옷 바꿔 입을 생의 환생 구간이 오면
어디쯤에서 나를 기다리고 있을까
단추들아 그때까지
더 이상 나를 가두지 마!

널배를 밀다

삭아가는 어머니의 장화 신고
갯내를 따라가 보면
썰물 빠져나간 어머니의 등
눈발은 사선으로 비껴 내려서
널배가 쓸쓸한 갯벌

먹빛 지층에서
바다의 젖줄로 살을 채운 꼬막
물결무늬 주름 선명한 맨몸 드러내고
꽉 다문 침묵이 진흙을 물었다

소일거리로 꼬막을 캔 적 없지만
대처로 떠난 머리 큰 자식이
혀 내민 손자 손녀 웃음 재롱 보여주는 탓에
노모의 눈은 세월 가는 줄 모르고
진눈깨비도 다 빨아먹는다

진흙 바다 헤맨 오십 년 세월을
앙다문 고막의 등에서 긁는 언 손등 어머니
밀물 들기 전 끝내야 하는 사투는

한바탕 몸서리

웅숭깊은 품을 다 헤아릴 수 없지만
바다의 딸인 내 몸속에도 펄펄 살아있는 갯벌

무릎 꺾인 석양에게 마지막 온기를
온몸으로 쏟아부을 나는 널배 밀러 간다

짱뚱어를 깨우러 간다

4부

등을 품다

무쇠나비경첩

후미진 뒷방 농짝 문에 걸린
거무스레한 경첩에서
접고 펴는 날개의 꿈을 보았다

굳게 닫힌 수직 표면의 날갯짓은
엇나간 결, 목재 속으로 파고들다가
허공 휘저어 보면
기억의 곳집이었을 이곳

차곡차곡 쌓았을 슬픔의 무늬로
저승 갈 때 입을 한 벌 삼베 수의
장롱 깊숙이 숨기고 있다

닫혀있으나 우리는 어긋난 문짝
아귀가 맞지 않아 삐걱대던 날들은
모두 박제된 검은 날개의 비애
박쥐를 닮아갔다

열고 닫히는 세상의 모든 경계에
모란꽃의 여백으로 얹어둔

시커먼 무쇠나비 한 쌍

슬픔을 머리말에 둔 오랜 화두
합장으로 날개를 모았다

이념의 강 건너간 당신을 기다리며
빛바랜 수의를 지키느라
오늘도 웃풍에 눈이 시리다

이팝에 들다

꿈틀대는 초록 비늘 잉어등
먼산바라기로 비바람도 비껴간 사백 년
가창 보호수 이팝나무

분단장도 모르는 시골 아낙처럼
허리는 두리뭉실 굵어지고
백발이 섞인 짧은 파마머리다

역마로 떠돌다 찾아온 고향 집
반가움보다 원망이 앞설 만도 한데
더운 밥상부터 차리는 여자
애증의 물기마저 바싹 마른 얼굴이다

어색한 밥상 마주하고 앉아
뒤늦게 털어놓는 고백
시린 마음 안고 동네 어귀까지 왔다가
안개 속 발걸음 되돌린 적 많았다

갈수록 어머니를 닮아가는
늙은 아내의 송구한 밥상 앞에서

주름진 손가락에 아직도 끼워진 쌍가락지
뜨거운 눈물 속에 어룽진다

머뭇거리는 내 소맷자락 부여잡고
왜 이제야 왔느냐는 분분한 하소연은
기다리는 모성의 시간이었다

허기진 내 영혼의 집이자 밥인
이팝나무 둥치에
구름 그넷줄을 단단히 동여맨다

나란한 무덤

형상기억합금 메모리와이어로
둥글게 울타리를 치고
삼단 후크로 자물쇠 채운 성벽

백 리 밖에서도 눈을 맞춘
그리움의 촉수가
성의 누대에 올린 깃발이라고나 할까

성이 무너져 여자가 되고
영문도 모른 채 세상에 던져진 아이
첫울음을 그치게 한 최초의 본능은
어떤 불안도 잠재우지 않던가

모래바람 속 걸어온 쌍봉낙타가
새끼에게 물린 젖이 그러하듯
유목에 엄마나 시름겨웠으면 사내는
짜부라진 내 젖무덤에 얼굴을 묻고
마두금 소리를 듣는다

비단길 행상 떠난 아들을 기다리며

한 그릇으론 모자랄 것 같아
두 그릇 고봉밥
허기의 아랫목에 묻어둔다

어느 날 홀연히

백목련 꽃 핀 가지가 다보탑을 누를 때, 눈물로 벼랑을 살피는 동백은 무너진 석가탑이다

함께 바라보던 대웅전 용마루, 제 무게에 겨워 추락하던 눈들은 한쪽으로 기운 침묵을 닮아갔다

어찌 보면 잘 어울릴 것 같은 선남선녀, 천년을 지키던 인연의 힘도 아랑곳없이 균열을 만들었다

해체 보수 들어간 절 마당 모퉁이, 다보탑 옆구리에 대고 내가 들은 것은 지아비 잃은 여인의 통곡

그림자도 없이 사라진 지아비 그리며, 늘 단아한 지어미는 틀어 올린 머리칼을 흐린 하늘로 푼다

떠나보낸 슬픔에는 아무런 질서가 없다는 듯, 서녘 하늘 언저리에 말줄임표를 남기고 새들은 또 날아간다

건포도를 읽다

먼 땅 캘리포니아에서 건너온
햇빛과 바람이 낳은 사생아
뽀얀 분 바르고 농익어
적막한 사내 달래고 어린 생명을 기른
주름 속 애환은 시금털털하다

태양이 나눠준 단물 흥건한 과육
바람이 씨조차 말려버릴 때
물기 마른 검자줏빛 중심에서
더 진한 단내가 났다

절정으로 치닫던 축제의 끝 무렵
부푼 열망마저 꺼멓게 익어
몸을 빠져나간 씨앗들은
우주의 한 모퉁이에서
잇몸 붉은 새들을 어르기도 할 거야

어디에 있니, 꿈의 캘리포니아
끝도 보이지 않던 구름 잠긴 포도밭
나는 아직
닳은 지문으로 문지르고

등을 품다

들키고 싶지 않던 내 안의 적막
누군가 뒤를 응시할 때
속수무책 들켜버린다
등을 보이는 게 부득이할 때
탐욕의 불룩한 포댓자루 뒤편
내 등은 어떤 웅크림일까
가슴으로 품은 당신 등에서
비운의 모래바람 소리가 들린다
사막을 헤매다 온 슬픔 응어리
낙타의 혹이 만져졌다
근심의 입자들이 켜켜이 쌓여
커다란 티눈처럼 박힌 옹이여서
바로 눕지 못하는 시린 가슴
누군가에게 등을 내어 준다는 것은
그의 슬픔까지도 지고 갈
등짐의 자세가 아니던가
내 짐까지 지고 온 당신이기에
가장 넓은 모래의 품인 내 등을
낙타인 그대에게 내어준다

소파

비스듬히 등 눕히던 소파에서
성난 물소 콧김 내뿜는 소리가 들린다
등가죽 쩍쩍 갈라진 것으로 보아
아프리카 동물 중 가장 힘센 물소가
감당할 수 없는 무게에 짓눌려
야생의 눈빛마저 흐릿해졌다
축 늘어져 누워있는 뱃살
한때 사자도 물리치던 뿔은 간곳없고
과적 선박 허리께처럼 삐걱거린다
건기의 초원을 닮아가는
정년이 임박한 낡은 소파
동물의 왕국에 채널을 맞춘다
주택담보대출의 채무만 남아서일까
진흙 말라붙은 무기력한 몸을
적막한 야자수인 내게 기대온다
비스듬히 누워 졸고 있다가
누군가 불러낼 강물 같은 전화벨 소리에
코를 벌름거리며 귀를 쫑긋 세운다

다시 깨어날 야생을 위하여

월하정인

—개기월식

등불 들고 주춤거리는 선비도
쓰개치마 둘러쓴 그녀도
게슴츠레한 월식의 밤을 기다려요

남들 눈 피한 담벼락 아래의 만남
달뜬 몸과 마음이 만나면
은밀에 이르고야 말
당신 아미를 향해 출렁이는 갓끈

뒤집힌 눈썹달의 징후처럼

내 마음도 다 모르는데
어찌 그대 맘을 다 알까마는
억겁의 시간 속 허락된 단 하루건만
마주할 수 없는 절절한 눈빛

담 모퉁이 새겨둔 애련의 문장 뒤로
멀어져가는 발자국 소리
바람 없는 배꽃 가지에서
눈썹달도 가늘게 떨린다

백일기도

시고 떫은 청매실이
설탕이불 덮고 석 달 열흘 견디면
달콤한 내일이 기다리고 있을까

펄펄 살아있는 열망에
묵직한 누름돌로 숨을 죽이는 시간
불안으로 치닫는 기다림은
눅눅한 시간을 견뎌야 하지

단내 맡은 초파리 떼 몰려들어도
문을 닫아건 무문관 수행자처럼
마음의 빗장 단단히 걸어 잠가야 하지

배롱나무 꽃잎 우수수 질 무렵
단물이 온몸을 장악할 때까지
시고 떫은 나를 버려야 해

깊은 웅녀의 눈빛이 걸어 나올 즈음
부푼 욕망은 쭈글쭈글해지고
한 발짝 물러난 거리에서
그대를 더 잘 볼 수 있을 거야

드라이기

내 몸에 스위치를 올려요

바다 냄새 풍기는 긴 생머리가
미역 줄기처럼 넌출거리도록
심장을 마구 달구어 봐요

해초를 헤집고 들어간
그녀의 귓바퀴에
비릿한 혀를 감아 봐요

종일 빗속을 쏘다닌 고양이
물씬 풍기는 궁기의 끝
날것의 냄새를 날려 봐요

밥공기에 악착같이 붙어있는
밥풀 스티커 애인
뜨거운 바람을 들이대면
두 손을 들고 말겠지요

아무도 알아듣지 못하는
고도를 높인 바람 소리에
젖은 영혼을 달래 봐요

손톱의 진화

첫눈 내릴 때까지 남아 있는
봉숭아 꽃물 든 손톱에서
기다림 노을은 여러 번 익었다
잊을 만하면 몸 밖으로 자라는
가시 때문에 여자들은
손끝이 근질거려 바가지를 긁고
일확천금 꿈꾸는 자는 복권을 긁지
유일하게 남아 있는 동물의 본능으로
칼로 물 베는 싸움에서
손톱 함부로 세우기도 하지만
슬픈 진화일까
누군가에게 상처를 준 손톱일수록
더 진한 매니큐어가 칠해지고
그 다양한 색깔만큼 아픔들이
절망의 손톱 위에 덧칠해질 때
손톱의 난해한 은유는 풀기 어려워
그 옛날의 등 긁어주던
어머니의 뭉툭한 손톱이
나 무척이나 그리운 이유

오래된 술래

저녁, 골목길, 달팽이, 새들
마음이 먼저 알아본 불빛들

돌아갈 집이 있다는 것은 얼마나 다행인가

도시가 숨긴 적요에
익숙한 냄새로 길은 휘어지다가
허기를 부추기며, 컹컹 개를 짖게 하더니
손끝에서 마감하는 하루

어머니가 개는 빨래 속에서
구겨진 길은 잠잠해진다

술래가 된 나 또한 그들을 기다린 지
너무 오래되었다

잊힌 이름들을 호명하며
오늘도 깜박이는 별들

식탁 혹은 신탁

이리저리 옮겨 다니던 개다리소반
주방 한가운데를 차지하고부터
위풍당당 식탁이 되었다
밥 먹을 때만 얼굴 볼 수 있던 가족
자식들 한둘씩 빠져나가고부터
혼자 밥 먹을 때가 많아졌다
냉장고에서 꺼낸 서늘한 반찬통 앞에 놓고
얼굴 반찬도 없는 싱거운 밥을 먹는다
영화에선 식탁에서 사랑도 하던데
먹어도 배부르지 않을 시를 쓴다
세끼 밥은 꼬박 챙겨 먹어도
시 한 편 쓰지 못한 날은 허기진다
살기 위해 밥을 먹는 식탁에서
남아 있는 밥그릇 숫자를 헤아려보는 시간
육인용 대리석 식탁이 거룩한 성소
신탁 같아서 참으로 징하다
오늘도 파지 나뒹구는 식탁에서
원고지 칸 메우듯
깍두기 같은 문장 서걱서걱 씹는다

발의 비망록

발바닥 티눈은 외눈이다
지나온 동그란 생애를 더듬으면
언제나 중심이 딱딱했다

발바닥 중심에 빈틈이 있었던가
보란 듯이 살 속을 파고드는 집요함
그래 사랑,
너 또한 내 심장에 박힌 티눈

길 아닌 길에 들어섰던 어느 날부터
한동안 헤어나지 못한 그 자리에
조금씩 자리를 잡기 시작했다

티눈은 그 눈이 깊어서
떠나야 할 때 떠나지 못하고 머뭇거리다
굳어진 상처의 옹이였던 것

온 사방이 길이여서 길 잃은 시간
차곡차곡 어둠 잠기는 수천의 밤을 건너와
뜨거운 물에 발을 담근다

>

언제나 겉돌던 마음과 발은
얼마나 더 종종걸음을
박음질해야 할까

방심과 방관 사이

우물은 술렁이는 소문의 산실
누군가 입을 틀어막자
눈멀고 귀가 먹었다

복병인 방심은 두레박을 떨어뜨려
부식된 관절은 무너져 내렸다

철퍼덕 끈 떨어진 두레박이
하늘 올려다보는 일은
눈먼 거북이 나무판자를 만나는 일

모질게 풍화를 겪은 우물에서
목마른 비명을 질러대는 사람들
어두운 벽 습기 머금은 이끼인 양
파리해져 갔다

마지막 안간힘으로 거머쥔 노란 풍선
돌아볼 듯 끝내 외면해버린
차디찬 블랙홀의 아가리여!

>

시들다 피어나는 연속곡선 위
검푸른 반점으로 번져가던 얼룩
하늘에서 내려오는 두레박 기다리다
속수무책 우물을 메우고야 말았다

누가 아픈 이마를 짚어 달라고
오래 닫아둔 우물 함성을 지르며
광장의 촛불로 일렁인다

그 여자가 사는 法

꽃잎 하나씩 따서 잘근잘근 씹는 여자
달력에 빨간 꽃 그려 놓고서야
마법에서 막 풀려난다
그녀의 진해진 화장을 누가 탓하랴
고운 스카프로 가린 목주름
속 파낸 호박 모자 얹어진 새치
웃으며 보이는 목젖은 숨기려는 외로움에 걸려
간들거리는 앵속이다
혼자 보는 심야 영화 속에는 주인공이 없다
마음 놓고 운다는 것은 불문율
내가 그녀를 의아해하는 것은
밤에 낀 그녀의 선글라스가
불안한 내 마음도 살피는 건 아닌지
늘 떠나고 싶은 가방은 부풀려져
다시 돌아오기 위한 파도의 몸짓이다
다가갈 수 없는 바다의 절벽,
달력 속 숫자에 동그라미로 덧칠된 나는
시계방향으로 돌고 있는 동백
마지막 숨 멈춘 지점에 이르러
완성되는 붉은 입술

해설

꿈꾸기, 그 번짐과 스밈

이태수

해설

꿈꾸기, 그 번짐과 스밈

이 태 수 | 시인

ⅰ) 김건화의 시詩는 더 나은 삶을 향한 꿈꾸기다. 그 꿈은 밖에서 안으로 스미고, 안에서 밖으로 번지는 '번짐과 스밈의 미학'에 뿌리를 내리면서 현실 초극超克의 길을 트고 닦으려는 데 주어진다. 과거에서 현재로, 현재에서 과거로 분방하게 오르내리는 그의 상상력(환상)은 시공時空을 초월하는 우주감정宇宙感情을 거느리면서도 가시적인 현실의 파토스Pathos들을 끌어안아 다독이는가 하면, 궁극적으로는 다다르고 싶은 불가시적 이데아Idea를 추구하는 양상으로 전개된다.

다채로운 은유의 옷을 입고 있는 그의 언어는 내포內包와 외연外延이 복합적으로 교차되거나 어우러지는 가운데 정신이 볏을 세워 존재의 비의秘義에 다가가고, 이상적인 세계에 다다르려는 꿈에 부단히 불을 지핀다. 그의 서정적 자아는 현실에 직면할 경우 부정교합不正咬合과도 같은 아픔과 이질감(소외疏外)을 은밀하게 관용寬容과 화해和解의 미덕으로 감싸는 한편 내면에 잠재된 야성野性 일깨우기로 활력을 얻으려 하기도 한다.

ii) 시공을 초월하는 시인의 우주감정은 지금·여기에서 천년을 거슬러 오르고 내리는 상상력(환상)을 동반한다. 「천년을 탁본하다」에 묘사되듯, 잠시 비를 피해 들어선 절집의 처마 아래 피어 있는 연꽃을 바라보며 "연향인 그대 손길은 / 먼 기억 속으로 번진다"면서 그 공간에 "원앙금침 아래 누울 초야"도 떠올려 포개놓는다. 그것도 "베개 마구리에 새기던 무늬가 / 먹빛 침묵으로 하늘을" 보는 것으로 그려지며, 신라新羅까지 거슬러 오르는 환상은 '먹먹함'으로 규정된다.

시인은 불가시적이지만 '그대 손길'로 느껴지는 '연향蓮香'을 수묵水墨으로 박아내려 하며, 그 탁본拓本으로 연꽃무늬 와당瓦當뿐 아니라 '천년의 미소'로 불리는 얼굴무늬 수막새의 의미까지 담아내려 한다. 다시 말하자면, 지금·여기서의 절집 처마 아래의 연꽃이 뿜어내는 향기가 까마득한 옛날의 연꽃무늬 와당을 넘어 그윽한 미소를 머금은 신라인의 얼굴무늬 와당의 불가시적인 이데아까지 끌어당기는 환상으로 나아간다.

먹먹함에 결 고운 한지 얹고
당신 무심의 심장을 향해
탕탕! 솜방망이로 두드리면
빙그레 웃는 수막새를 만날 수 있을까

—「천년을 탁본하다」 부분

이 한지韓紙 탁본은 단순히 물리적인 차원에서가 아니라, "당신(그대) 무심의 심장"이라는 대목이 암시하듯이,

그 연꽃향기가 거느리는 '무심無心의 경지'까지 담아내려고 한다. 그런가 하면, 그 수막새의 미소는 천 년 전에 "절반을 나누어 가졌던" 미소로, 이미 아득한 세월 동안 화자의 "서늘한 기억" 속에 자리매김하고 있다고도 여긴다. 아마도 그래서 시인은 이런 꿈에다 미래를 향해 "손바닥 깊숙이 / 버들문양도 새긴다"고 보태놓고 있는지도 모른다.

이 같은 우주감정과 시공을 초월하는 환상(상상력)은 그의 시에 은밀하게 관류貫流한다. 때로는 안에서 밖으로 번지고, 그 바깥이 다시 자연현상이나 우주로 퍼져나가며, 때로는 그 확산과는 반대방향으로 끌어들여지고 스며드는 양상을 보인다.

그의 시는 이같이 내면의 심상풍경心象風景과 외부로 열려 있는 세계(자연이나 우주)가 상호 번지고 스미는 '스밈과 번짐의 미학'을 보여주고 있으며, 이 미학이 바로 시 쓰기의 지향과 추구에 무게중심을 잡아주는 요체要諦가 되고 있는 것으로도 보인다. 이 같은 암시의 일단은 역시 '그대'로 지칭되는 이데아에의 지향을 노래하는 「개심사 왕벚꽃」에서도 엿볼 수 있다.

멀찍이서 바라만 보던 나를
개심사로 불러들인 그대

쇠북에 등지느러미 꿰인 물고기
단청 속에 숨겨 놓고
주위의 벌들까지 들뜨게 한다

<중략>

꽃잎마다 봄을 앓는 열병
갈피갈피 접어놓은 그대 향한 길
참으로 멀기도 하여라

—「개심사 왕벚꽃」 부분

개심사開心寺와 '그대'로 지칭되는 왕벚꽃이 환기하는 이미지를 아우르면서 이 시인의 시적 지향을 시사하는 이 시는 왕벚꽃이 개심사로 화자를 불러들이고 그 속에 들어 주위의 별들과도 함께 들뜨는 열망의 길을 나서게 한다. 하지만 여전히 멀고 먼 길임을 절감하게 되는 건 그 정황情況이 '그대(왕벚꽃)'가 쇠북(종)에 등지느러미가 꿰인 물고기를 단청 속에 숨겨놓은 데다 그 꽃잎들마저 '봄을 앓는 열병'을 갈피갈피에 접어놓고 있는 바 그 비의 때문일 것이다.

이 때문에 시인은 왕벚꽃처럼 절정을 향한 열병을 앓으면서도 그 이데아에 이르는 길은 멀 뿐이라는 한탄恨歎에 빠지게 된다. 그러나 이 한탄은 "그대를 향한 길"에의 열병이 얼마나 뜨거운가를 역설적으로 말해준다고 할 수 있다. 이 은유는 이 시인의 시를 향한 부단한 열망과 지향을 에둘러 떠올리는 경우에 다름 아니기도 하다.

그래서 이 열망과 지향은 "뒤척이던 불면의 여파가 // 눈꺼풀에서 발끝까지 번"(「파종하다」)지게 하고, "어둠 속 오래 걸어온 발이 // 발아하고 싶어 간지러운 / 푸른 봄밤"(같은 시)을 끌어안게도 한다. 그런가 하면, 그의 시적 지향은 보다 완강한 의지로 구체화되고, 은유의 옷을 입은 상승 이미지를 대동하는 양상으로 길을 트는 모습도 볼 수 있다.

둘둘 말아 싸던 김밥 뾰족한 산으로 세워볼까

들끓던 내 안의 잡동사니 감정들
꾹꾹 눌러 두었던 욕망들도
산봉우리 위 구름으로 날려볼까

김밥은 둥글어야 한다는 생각을
여지없이 무너뜨린 삼각김밥
오늘은 내 뾰족한 마음의 각을 덥석 물
삼각김밥이 먹고 싶다

삼각 틀에 눌린 차가운 밥이
김과 밥이 비닐을 사이에 둔 불편한 삼각관계
비닐 벗겨내자 불쑥 들이미는 모래의 산
모래의 웅성거림이 차곡차곡 쌓여
피라미드 같다고 해야 할까

—「삼각김밥」 부분

이 시는 '삼각김밥'에 착안해 자연으로서의 뾰족한 산과 인공으로 만들어진 피라미드에 내면풍경을 투사投射하고 전이轉移하면서 시인 특유의 시적 지향을 암시한다. 김밥을 뾰족한 산의 형상으로 빚으면서 들끓던 잡동사니 감정들이나 억제했던 욕망들도 그 위의 구름처럼 흘러 보내려 한다는 건 무엇을 의미하는가. 그것은 잡다하고 불순한 감정이나 욕망들을 말끔히 날려 보낸(지우고 비운) 순

수 이데아를 지향한다는 의미일 것이다.

삼각김밥은 '뾰족한 마음의 각'을 물고(품고) 있는 반면 시인은 그 김밥을 먹고 싶어 하는 관계일 뿐 아니라, 이윽고 그 삼각김밥은 모래의 웅성거림이 차곡차곡 쌓인 피라미드 같은 존재로 환치換置(비약)되기도 한다. 게다가 밥, 김, 포장 비닐은 상호 불편한 감각관계에 놓이며, 밥은 그 관계(삼각 틀) 속에 갇힌 모래로 그려지고 있다.

시인은 순도 높은 이데아를 추구하면서도 그 이데아를 피라미드 형상으로 구축하는 내용물(밥 → 언어)은 수많은 모래같이 삼각 틀 안에 차곡차곡 억제(절제)된 채 쌓여 있다고 본다. 나아가 삼각김밥을 '뾰족한 산'으로, 다시 '모래의 산(피라미드)'으로 환치해서 바라보며, '밥 → 모래 → 언어'로 비약하는 은유의 이미지를 떠올리면서 '삼각김밥=시적 지향'이라는 등식을 빚는다. 시인의 상상력은 이같이 '내면세계나 심상풍경'(내포)들을 밖으로 확산시키면서 '삼각김밥이나 모래의 산(피라미드)'(외연)과 같이 거시적인 대상으로 바꿔 바라보면서 지향하는 바의 시법詩法을 가시적인 형상으로 떠올려 보인다.

시 「구름부족에 들다」는 "허공의 지문을 새의 눈으로 읽는다"면서 "고도 높은 하늘에 자작나무를 세워 / 무지개를 걸어볼까"라는 대목이 말해주듯, 「삼각김밥」과는 또 다른 시법을 제시한다. 삼각김밥이 여기서는 하늘을 향한 자작나무로, 김밥 속의 밥(언어)은 자작나무 위의 무지개(언어)로 바뀌는 상승 이미지를 보여준다.

그러나 그럼에도 불구하고 "허공의 지문指紋"인 구름에

"새의 눈"으로서가 아니라 자신의 마음눈으로 '구름=생각이 날아다니는 섬'이라는 인식에 닿는다. 게다가 "안개도 덩달아 / 구름부족의 일가"가 되기까지 하는 정황에 놓인다. 이 인식에는 시인이 빚고 있는 시가 허공의 지문이며 날아다니는 섬으로서의 구름과 다르지 않고, 자신이 어쩔 수 없이 안개까지 끼어드는 '구름부족'이라는 사실을 환기喚起한다. 하지만 시인은 부단히 정신의 높이를 향해 나아가려 하며, 이는 시 쓰기가 바로 그런 추구와 지향으로서의 꿈꾸기라는 점을 말해주는 것으로도 보이게 한다.

정신의 볏을 세우고
목울대 가둔 설움의 언어
연금술로 풀어내는 그대

<중략>

새의 귓속말씀은 너끈히 받아 적는
그댄 영민한 시인이여

맨드라미 꽃대처럼
위풍당당 볏을 세우고
그대 여명 속에서 홰치는 날

깨어난 만물은
해 뜨는 바다로 나아가리라

—「수탉처럼」 부분

자신이 아닌 타인을 끌어들여 기실은 자신의 시적 지

향을 시사하는 것으로 읽게 하는 이 시는 언어의 연금술鍊金術로 맨드라미 꽃대처럼 위풍당당 "정신의 볏"을 세우는 시인(타인)에 대한 예찬이면서 자신의 몫으로도 끌어당겨 놓는다. 여기서 시의 언어는 설움을 묻히고 있기도 하지만 "새의 귓속말"로 비유되는 존재의 비의도 너끈히 밝혀내는 언어이며, 정신의 볏을 세워 여명黎明을 밀어내고 만물을 일깨우는 언어이기도 하다. 그러므로 시인이 지향하고 추구하는 바의 언어는 여명 속에서 홰치는 수탉처럼 만물을 깨워 "해 뜨는 바다로 나아가"게 하고, 시인은 바로 그런 영민한 견자見者로서 '존재의 집'을 지을 수 있어야 한다는 일깨움과 결의를 안팎으로 떠올리고 각인하는 경우에 다름 아니라고도 할 수 있다.

iii) '번짐과 스밈의 미학'은 어떤 대상을 만나든 거의 예외 없이 적용된다. 시공을 넘나드는 상상력이 과거에서 현재로, 현재에서 과거로, 공간적으로는 안과 밖으로도 길항拮抗하듯 교차되는가 하면, 그 환상은 현실의 비애들을 끌어안아 다독이는 서정적 자아自我의 세례를 받게 마련이다.

'무영탑無影塔'에 얽힌 이야기를 끌어들여 보수작업이 진행되는 불국사를 모티프로 한 시 「어느 날 홀연히」는 "백목련 꽃 핀 가지가 다보탑을 누를 때, 눈물로 벼랑을 살피는 동백은 무너진 석가탑이다"라는 은유로 시작되면서 아사녀를 향한 연민의 정서를 절절하게 풀어낸다. "다보탑 옆구리에 대고 내가 들은 것은 지아비 잃은 여인의 통곡 // 그림자도 없이 사라진 지아비 그리며, 늘 단아한 지어미는 틀어 올린 머리칼을 흐린 하늘로 푼다"는 묘사가 그 절정이다. 시인은 이어 그 비애를 "서녘 하늘 언저리에 말줄임표를 남기고 새들은 또 날아간다"고도 그린다.

이와는 다소 다르게 바깥에서 안으로 시선을 옮기면서는 자기성찰自己省察에 무게중심이 주어진다. 「오늘이라는 당신」에서 "구불구불 돌아다닌 에움길이 / 주렴 속으로 걸어 들어와 / 야금야금 발끝이 갉아먹은 자리에 / 통증의 꽃 구절초가 피"어난다고 그리는 바와 같이 시인의 일상적 삶은 고통스럽다. "앞만 보고 내달리던 / 스프링복의 질주본능이 낭떠러지를 만"나야 하며, 그 중압감은 '오늘'이라는 현재진행형의 삶의 현장이 더욱 가중시키기 때문인 것 같다.

> 곡선이 아치로 내려앉은 언덕
> 당신 납작한 신발 뒷굽에
> 구름스프링을 달아야겠어요
>
> 아무도 대신할 수 없던
> 직립의 무게에 눌리고 눌린 탓에
> 주춧돌처럼 아픈 발의 비망록
>
> 이불 밖으로 삐져나온
> 한 번도 씻겨 주지 못한 당신 발에
> 슬며시 내 발을 포개보아요

—「오늘이라는 당신」 부분

그런 '당신=오늘'의 고통은 발이 "직립의 무게에 눌리고 눌린 탓"이며, 그 무게로 납작해진 신발 뒷굽(뒤축)에 '구름스프링'을 달고 싶어지게 하고, 그 현실 속에 놓인 시인은 발을 "한 번도 씻겨 주지 못한" 자책감自責感에서도 자유롭지 않아진다. 이 때문에 자신의 발을 '오늘'의 발에 슬며시 포개본다는 은유를 통해 완곡하게나마 치유와 초극에의 의지를 내비치기에도 이른다.

한편 「새의 책상」에서의 화자는 골동품 경매장에서 구입한 앉은뱅이책상과 마주하면서 그 재료인 모감주나무 심장의 두근거림까지 감지하며, 급제及第하지 못하고 초야草野에 묻혀 글을 읽던 늙은 서생書生도 불러낸다. 또한 그 책상은 '날개 꺾인 새'에 비유되는 '서생'의 울음을 총총히 받아 적느라 밤을 지새운 새벽에는 "꽃피운 모감주나무가 하얗다"고 과거와 현재를 아우르는 시선으로 끌어당겨 들여다보게 한다.

시인의 상상은 이처럼 책상이 되기 전의 꽃핀 모감주나무와 그 나무에서 지저귀던 새, 책상의 주인공(서생)이 학도병으로 징집된 뒤 꿈이 좌절되는 정황까지 복합적으로 불러 모으는 한편 '급제하지 못한 서생=날개 꺾인 새'라는 등식을 통해 앉은뱅이책상의 내력을 비애의 환상 속으로 들어앉힌다.

이 비애의 환상은 돌쩌귀처럼 문짝을 다는 데 쓰는 장식에 닿아서도 젖은 날개를 달게 된다. 「무쇠나비경첩」에서 시인은 경첩을 "차곡차곡 쌓았을 슬픔의 무늬로 / 저승 갈 때 입을 한 벌 삼베수의 / 장롱 깊숙이 숨기고 있다"고

보는가 하면, 그 나비가 시커멓게 박쥐를 닮아간다고도 한다.

> 열고 닫히는 세상의 모든 경계에
> 모란꽃의 여백으로 얹어둔
> 시커먼 무쇠나비 한 쌍
>
> 슬픔을 머리맡에 둔 오랜 화두
> 합장으로 날개를 모았다
>
> —「무쇠나비경첩」 부분

시인이 목도하는 무쇠나비경첩은 누군가가 저승으로 갈 때 입을 삼베수의壽衣를 깊숙이 숨긴 장롱에 박힌 채 삶과 죽음의 경계뿐 아니라 "세상의 모든 경계"에 모란꽃(장롱의 장식)의 여백으로 얹혀 있는 존재다. 나비가 박쥐를 닮아간다는 대목이 암시하듯 쌍을 이룬 채 열고 닫히는 경계에 붙박인 나비경첩이 "슬픔을 머리맡에 둔 오랜 화두"로 불길한 징조를 대동한다. 하지만 시인은 경첩이 촉발하는 정서와는 달리 꽃피는 봄날의 복숭아나무를 바라보면서는

> 겹겹 동여맨 꽃잎 열어 만개할
> 화산 같은 내 안의 도화는
> 어찌 깨울까
>
> <중략>
>
> 몸속 도화는 물컹물컹 짓무른다

불어온 실바람에 복사뼈 자리

진물은 찔끔찔끔
지나가는 개미를 가둘 뿐
내 안의 도화는 잠들지 않는다

그대여 더는 꽃망울 움츠리지 않게
달그림자로 숨어들어
꽃망울 활짝 터트려주오

—「도화를 깨우다」 부분

라는 기구祈求로 방향을 전환한다. 봄이 오자 북숭아꽃이 만개하지만 화자의 몸속에서는 짓무르는 정황을 대비하면서도 개화開花에의 소망을 접지 않을 뿐 아니라 그 도화稻花의 꽃망울이 화산 같은 폭발력을 예비(내재)하고 있음을 암시한다. 비록 몸속(내면)의 도화가 짓물러 그 진물에 벌이 아닌 개미가 찾지만 '그대'가 활짝 터트려줄 수 있다는 희망의 끈을 붙들면서 기구하게 된다. 이 기도의 자세는 절대자를 향한 것이기도 하고, 초극의지의 발로로도 볼 수 있을 것이다.

이 같은 소망의 전언傳言은 눈 내리는 겨울이라는 상황과 가지가 꺾인 채 찻집의 벽면에 장식된 망개나무의 빨간 열매를 끌어들여 "변두리 찻집 우울의 모서리를 밝히는 / 뿌리를 버리고도 살아있는 / 환한 꽃등"(「모서리 장식론」)이라고 노래한다든가, 「건포도를 읽다」에서 포도를 "먼 땅 캘리포니아에서 건너온 / 햇빛과 바람이 낳은 사생아"라면서도 건포도를 "닮은 지문으로 문지르"며 "몸을 빠져나간 씨앗들은 / 우주의 한 모퉁이에서 / 잇몸 붉은 새들을 어르기도 할 거"라는 발언 등에서도 읽을 수 있다.

ⅳ) 그렇다면 환상을 통한 초극이나 초월 꿈꾸기 이전의 지금·여기에서의 일상적 현실은 시인에게 어떤 빛깔로 각인되고 있는 것일까. 햄버거를 선호하는 작은딸과 떡메로 친 인절미를 좋아하는 아버지(남편)의 '황소고집'으로 집안은 살얼음판이 되기도 한다는 「독립선언」, 분식집 라면을 먹고 싶은 '나'와 청양고추 듬뿍 썰어 넣는 '당신'(남편)은 주의와 주장은 다르더라도 라면을 좋아하는 '이질성 속의 동질성'을 희화적戱畵的으로 그린 「라면 먹고 싶은 날」 등은 가족의 소소한 애환과 갈등을 그려 보인다. 하지만 바깥 활동에만 무게가 실린 남편과 집안일에 매달려야 하는 전업주부 사이를 이화부부異化夫婦처럼 묘사한 경우도 없지 않다.

집으로 들어서는 낯선 남자가
식탁에서 밥을 먹더니
익숙하게 침대에 누워 코를 곤다

여전히 여자는 달의 뒷면
다른 별에서 온 남자와 여자는
동문서답의 기찻길을 간다

남자는 여행 가방을 싸고
달팽이집 떠나지 못하는 여자는
움츠린 어깨를

더 깊어진 거울 속으로
밀어 넣는다

—「낯선 별에서」 부분

전형적인 가부장제家父長制 가정을 무대로 한 듯한 이 시는 여성의 단절감과 소외감을 극화劇化하고 있다. 귀가하면 익숙하게 일찍 곤히 잠자는 남편이 낯설어질 정도여서 여자(아내)는 '달의 뒷면'일 수밖에 없으며, 서로 다른 별에서 온 것처럼 동문서답의 평행으로 달리지 않을 수 없을 것이다. 오죽하면 출근을 서두르는 남편을 여행 가방을 싼다고 하고, 집에 남아야 하는 아내는 소외감으로 위축된 채 자신을 들여다봐야만 하겠는가.

이 같은 정황 속의 화자의 심경心境으로는 "하루의 각질로 푸석이는 저녁 / 불빛 경계에 쓴 자서전은 / 저마다 어둠의 육필이다"(「곡진한 불빛」)고 토로되는 게 너무나 당연해 보인다. 더욱이 화자에게는 일상적 현실이 "붐비는 동성로 걸어 보아도 / 저문 신천 강물 옆구리 끼고 달려도 / 나를 유배시키는 섬"(「우울한 허밍」)이라고 느끼게 하고, 그 유배는 "출구를 찾지 못한 새인 양 / 유리창에 이마를 부딪"(같은 시)게 된다는 아픔도 비켜설 수 없게 할 것이다.

현실에 대한 파토스는 「울음꽃 터지다」에 이르면, 활짝 피어나 오래(백일 동안) 지지 않는 배롱나무 꽃을 "한꺼번에 터진 대성통곡"으로 읽게 되는 바와 같이 극대화된다.

끓어오르는 화산처럼

오장육부를 남김없이 뱉어내려
밤낮없이 울부짖는 꽃

막무가내로 쓰는 생떼
대개의 생은 저렇듯 처절하다

—「울음꽃 터지다」 부분

붉게 핀 배롱나무 꽃을 남김없이 오장육부를 뱉어낸 '울음꽃'과 '막무가내 생떼'로 규정하는 건 시인의 내면 투사에 다름 아니라 할 수 있다. 더구나 "대개의 생은 저렇듯 처절하다"고 자신뿐 아니라 보편적인 삶의 모습으로까지 확대해 놓는다.

이 같은 비관적悲觀的 시각은 "다정과 냉정 사이 / 고쳐 맨 신발 끈이 풀려 / 진흙 구덩이에 빠져 / 얼마나 갈팡질팡했었나"(「수요일의 여자」)라고 자신의 어제를 되돌아보게 하고, "내일은 또 내일을 만들어 / 기다림이란 낯선 역에서 / 하염없이 긴 목을 늘"(「어설픈 관계」)어뜨리게 될 것이라고 보게도 한다. 겨울 탱자나무를 보면서도 "상처로 키운 가시가 손톱 밑을 파고들어 / 채워지지 않던 내 안의 궁기 / 먹빛으로 혹한을 견뎌야 했다"(「가시의 내력」)는 토로 역시 같은 맥락으로 읽힌다.

현실과 꿈의 괴리감은 마치 아래와 위턱의 치아가 정상적으로 맞물리지 않는 '부정교합'의 치아 같아서이기도 하고, 자신을 에워싸고 있는 상황 때문이기도 한 것 같다. 오락가락하는 기후에 민감하게 반응하는 까닭도 장마 때와 같이 종잡을 수 없는 세상(세태)의 변덕 때문이지 않을까.

검은 손바닥 구름들 음모가 수상하다

적막을 깨뜨리는 야생의 말발굽 소리
투구로 무장한 적들이 몰려온다

두려움에 몸을 움츠렸던
유순한 한 남자가 들어 올린 도끼날이
허공에서 번쩍이며 내려온다

<중략>

소란도 잠시, 장마는 언제 그랬냐는 듯
부서진 우산살만 남기고 담장 위로 올라가 능소화 피웠다

손바닥 구름 쓸어낸
짙푸른 나무의 몸통에서 매미 울음은
더 요란해졌다

—「장마」 부분

'비구름'을 손바닥 뒤집듯 수상한 음모를 하는 '검은 손바닥 구름'으로 읽는 시인은 천둥과 함께 쏟아지는 소나기를 투구로 무장武裝한 적敵들이 야생의 말을 타고 몰려오는 것으로 보는가 하면, 번개를 유순柔順하고 두려움이 많은 한 남자가 도끼날을 번쩍이며 내려오는 것으로 바라본다. 그러나 다시 하늘이 말끔히 개는 변덕을 부리면 '부서진 우산살'(상처)만 남길 뿐 담장 위에는 능소화가 피고 짙푸른 나무에서 매미 울음이 더 요란해지니 장마가 수상

할 수밖에 없을 것이다.

그러나 시인은 냉장고 속의 양파를 "아마포를 두르고 관 속에 누워 / 매운 시간을 버티고 있"지만 "썩음은 생명의 본능에서 풀려나는 것"(「썩음과 놀다」)이라고 얼마간 누그러지면서도 "수없이 방부제를 삼킨 내 몸은 / 냉장고 같아서 언젠가 썩을 날을 / 얼마간 더 유보할 뿐이지"(같은 시)라고 자신에게로 눈을 돌리며 여전히 비관에서 자유롭지는 않아진다. 그러나 희망의 끈을 붙잡듯 "젖을수록 질긴 무명 같"(「그녀의 율도국」)은 끈질김으로 "돌아오지 않는 메아리 앞에서 / 징검돌 하나 놓고 기다리"(「구름 속 댓글」)게도 된다.

뜬눈으로 밤을 새웠다

외딴 섬으로 떠도는
너와의 거리를 좁혀 볼 궁리로
섬인 내가 섬을
하염없이 바라보다가
서로의 거리 여울진 물결로
가득 채웠다

<중략>

더는 쓸쓸하지 않은
내통을 위해
깜박깜박 등대 하나
세워둔다

—「간극間隙」 부분

시인은 이처럼 '섬'(나)과 '섬'(세상)의 간극을 좁히기 위해 물결로 채우고, 내통을 할 수 있게 등대를 세우는가 하면, "달력에 빨간 꽃 그려 놓고서야 / 마법에서 막 풀려"(「그 여자가 사는 법法」)나게 되기도 한다. 뿐 아니라 꼬막을 캐며 진흙 바닥 헤맨 어머니의 오십 년 세월의 사투를 떠올리면서 "무릎 꺾인 석양에게 마지막 온기를 / 온몸으로 쏟아 부을 나는 널배 밀러 간다"(「널배를 밀다」)는 결의까지 보여준다.

이 결기는 "삶은 빨래 / 탈탈 털어, 율도국의 햇살 아래 널 때 / 그녀의 나라 백색 깃발은 / 환한 눈빛 기도로 맑아"(「그녀의 율도국」)지는 이상향에의 꿈과도 접맥되기 때문인지 모르며, 「아카시아」에서처럼 "가시로 무장한" 채 "말의 향기로 나비를 부"르는 현실 대응의 지혜를 가졌기 때문인지도 모른다.

v) 시인은 현실의 아픔과 소외감 때문에 흔들릴 때가 없지 않지만 결코 좌절하거나 함몰되지는 않는다. 순리를 거스르지 않는 화해와 관용의 미덕을 은밀하게 품으면서 더 나은 삶을 향한 꿈꾸기로 새로운 길을 모색하고 트려 한다. 어렵더라도 "출구를 찾아 어슬렁거리는 / 가시 밧줄로 낮게 기어온 골목이 / 내 몸을 관통한다"(「막다른 골목」)거나 "출구를 찾지 못한 물은 / 내 안의 살아있음의 증거들"(「단절과 간절 사이」)이라는 긍정적 시각으로 마음 눈을 돌리게도 된다. 심지어 '달팽이관'으로 여기기도 하던 자신의 거처(집)를

고층 아파트 꼭지층은
두둥실 구름의 방이죠

<중략>

구름의 방에 들어요
은둔자의 섬에서 빠져나와
커튼 없어 좋은 방

—「전망 좋은 방」 부분

이라고 밝게 그린다. '달팽이관'이나 '은둔자의 섬')에서 일탈해 단절(커튼)에서도 자유로울 수 있는 '구름의 방'에서 전망을 자유자재로 조망眺望할 수 있다고 한다. 다른 한편으로는 "허기진 내 영혼의 집이자 밥인 / 이팝나무 둥치에 / 구름 그넷줄을 단단히 동여맨다"(「이팝에 들다」)는 은유로 완강한 결의도 내비치고 있다.

또한 「물들다」에서는 시집 갈피의 바스러지기 직전인 은행잎을 들여다보면서 "다정과 냉정 사이 오가던 은유가 부챗살로 번진다"는 생각에 닿는가 하면, 그 거리가 하늘과 땅 사이처럼 까마득할지라도 "너에게로 번지려면 서로의 경계를 지워야 하지 // 물이 든다는 것은 서로에게 스미는 것"이라는 관용과 화해의 미덕을 떠올려 보인다. 그렇다면 그 까닭은 어디에 연유緣由하고 있는 것일까.

비스듬히 등 눕히던 소파에서
성난 물소 콧김 내뿜는 소리가 들린다
<중략>

비스듬히 누워 졸고 있다가
누군가 불러낼 강물 같은 전화벨 소리에
코를 벌름거리며 귀를 쫑긋 세운다

다시 깨어날 야생을 위하여

—「소파」 부분

아마도 관용과 화해의 이면裏面에는 자연의 순리에 따르는 '야생野生에의 꿈'이 자리매김하고 있기 때문일 것이다. 화자는 편안하게 졸면서 소파에 등을 기대어 눕히고 있지만, 그 물소가죽 소파의 본래적인 야성을 감지하게 되는 데다 자신의 내면에 잠재돼 있던 야성을 "강물 같은 전화벨 소리"가 일깨워주는 촉진제가 되어주는 게 아닐까. 그 일깨움도 순리에 따라 아래로 흐르는 강물에 비유된다. 시인이 이르는 여기서의 야생은 더 나은 삶에의 꿈이며, 그 꿈꾸기는 시를 쓰는 행위와 연계되고 있어 더욱 주목된다.

시인에게 있어서의 야생은 본능과 원초적인 생명력에 뿌리를 두고 있는 것으로 보인다. 「드라이기」에서의 "내 몸에 스위치를 올려요"라거나 "심장을 마구 달구어 봐요" 라는 구절은 드라이기의 작동을 이르면서도 자신을 향해 있으며, 이는 "젖은 영혼을 달래"기를 위한 것이기도 하다. "누구의 도움 없인 다 채울 수 없는 / 원피스 뒷단추는 여자의 넝쿨 심리다"라고 시작되는 「단추의 배후」는 절제된 본능을 "얌전하게 채워진 단추 간격 사이로 / 들뜨는 가슴은 꼭 눌러 두어야 할 관능"이라고 밝히면서

한 번도 폭주를 꿈꾸지 못한 내게
목 위까지 꼭꼭 채운 단추
슬그머니 풀어주는 사람이 오기까지
얼마나 오래 단추를 여미는 데 급급했던가

—「단추의 배후」 부분

라고 되돌아보는 한편, "옷 바꿔 입을 생의 환생 구간"이 될 때까지 단추들이 더 이상 자신을 가두지 말기를 소망하는 마음까지 감추지 않고 있는 건 무엇을 말하는 것일까. 이 시집의 표제시인 「손톱의 진화」는 그런 심경을 원초적 감정의 옷을 입혀 진솔하게 풀어내고 있다.

첫눈 내릴 때까지 남아 있는
봉숭아 꽃물 든 손톱에서
기다림 노을은 여러 번 익었다
잊을 만하면 몸 밖으로 자라는
가시 때문에 여자들은
손끝이 근질거려 바가지를 긁고
일확천금 꿈꾸는 자는 복권을 긁지
유일하게 남아 있는 동물의 본능으로
칼로 물 베는 싸움에서
손톱 함부로 세우기도 하지만
슬픈 진화일까
누군가에게 상처를 준 손톱일수록
더 진한 매니큐어가 칠해지고
그 다양한 색깔만큼 아픔들이
절망의 손톱 위에 덧칠해질 때
손톱의 난해한 은유는 풀기 어려워

그 옛날의 등 긁어주던
어머니의 뭉툭한 손톱이
나 무척이나 그리운 이유

—「손톱의 진화」 전문

손톱과 손톱 물들이기의 함수관계를 여성 특유의 감성과 언어감각으로 희화화한 이 시는 봉숭아 꽃물 든 손톱에서 매니큐어를 짙게 덧바른 손톱까지의 "슬픈 진화"를 그리고 있다. 상당기간 지워지지 않는 봉숭아 꽃물은 순수한 손톱 치장이지만, 짙은 매니큐어는 상처를 주고받은 여성의 심리를 반영한다는 메시지가 담겨 있다. 남편(또는 누구나)에게 바가지를 긁거나 손톱을 함부로 세워 상처를 준 경우일수록 더 진한 매니큐어가 칠해질 뿐 아니라 아픔이나 절망이 다양한 만큼 다양한 색깔이 매니큐어가 덧칠된다는 논리다. 그야말로 난해한 '손톱의 진화'에 대한 은유다.

여자는 치장으로 봉숭아 꽃물을 들이고 기다리다 자라나는 가시 때문에 바가지를 긁게 되기도 하고, 칼로 물 베기라는 부부싸움 때 매니큐어를 칠한 손톱을 함부로 세우기도 하지만, 이는 동물적 본능 때문이지 이성과는 거리가 있다는 것이다. 더구나 상처를 주고받으면서 짙어진 손톱의 매니큐어에 대한 자성적自省的 시각으로 되돌아오게 되는 것도 옛날에 등 긁어 주던 어머니의 뭉툭한 손톱이 그리워지기 때문이라고 하지 않는가. 하지만 이 시는 통어通御된 야성을 돋우어 바라보기에 다름 아닌 측면도 없지 않은 것 같다.

시인은 궁극적으로 더 나은 삶을 열망한다. 그런 삶에의 길 더듬기와 찾아 나서기는 시적詩的 지향과 궤를 같이 한다고도 할 수 있다. 이 같은 추구는 “허공에 집을 짓는 호랑거미 / 거미줄을 쏘아 펄럭이는 우산살 집을 짓는다 // 공중그네 타고 구석진 모퉁이에 숨어 고르는 숨 / 먹잇감이 걸려들길 기다린다”(「호랑거미 시인」)는 대목에 시사되고 있으며, 사리舍利 같은 시를 쓰기 위해 “밤낮으로 씨줄 날줄 언어의 집을 짓는”(같은 시) 모습으로도 떠오른다.

그 여정은 물론 쉬울 리 없다. 매실주를 담그고 “시고 떫은 청매실이 / 설탕이불 덮고 석 달 열흘 견디면 / 달콤한 내일이 기다리”(「백일기도」)게 되는 바와도 같은 인내와 기다림을 요구한다. 식탁에서 남녀가 사랑하는 영화 속의 장면까지 부럽게 떠올리기도 하는 시 「식탁 혹은 신탁」에서 시인은 식탁에 앉아 밥을 먹지만, 밥 먹듯이 먹어도 배부르지 않아 허기지면서도 끊임없이 더 나은 삶 꿈꾸기로서의 시를 쓰려 한다.

그 ‘식탁’은 그래서 시인에게는 ‘신탁神託’으로까지 여겨지게 되는 것도 숙명과 같기 때문일 것이다. 이 글의 말미에 이 시의 상당 부분을 그대로 인용하는 이유는 이 시인의 현재진행형의 모습을 진솔하게 드러내 보여주기 때문이다.

얼굴 반찬도 없는 싱거운 밥을 먹는다
영화에선 식탁에서 사랑도 하던데
먹어도 배부르지 않을 시를 쓴다
세끼 밥은 꼬박 챙겨 먹어도

시 한 편 쓰지 못한 날은 허기진다
살기 위해 밥을 먹는 식탁에서
남아 있는 밥그릇 숫자를 헤아려보는 시간
육인용 대리석 식탁이 거룩한 성소
신탁 같아서 참으로 징하다
오늘도 파지 나뒹구는 식탁에서
원고지 칸 메우듯
깍두기 같은 문장 서걱서걱 씹는다

—「식탁 혹은 신탁」 부분